I0817432

LA CIENCIA DE
El aire
Julia Vogel y Jared Siemens
LIGHTBOX
openlightbox.com

Entre a
www.openlightbox.com
e ingrese el código único
de este libro.

CÓDIGO DE ACCESO

LBXX7698

Lightbox es una completa solución digital para enseñar y aprender temas curriculares de una manera original e innovadora. Lightbox se basa en las Normas Curriculares Nacionales.

OPTIMIZADO PARA

- ✓ **TABLETAS**
- ✓ **PIZARRAS ELECTRÓNICAS**
- ✓ **COMPUTADORAS**
- ✓ **¡Y MUCHO MÁS!**

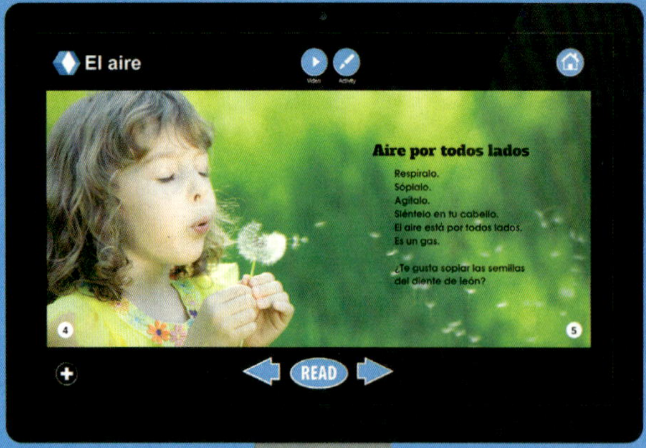

CARACTERÍSTICAS ESTÁNDAR DE LIGHTBOX

 **AUDIO** Narraciones de alta calidad con sistema de texto a voz

 **VIDEOS** Videoclips de alta definición incorporados

 **ACTIVIDADES** PDFs imprimibles que pueden enviarse por correo electrónico y calificarse

 **ENLACES WEB** Enlaces cuidadosamente seleccionados con recursos seguros para niños

 **PRESENTACIÓN EN DIAPOSITIVAS** Ilustraciones gráficas de los conceptos clave

 **MAPAS INTERACTIVOS** Mapas interactivos e imágenes satelitales aéreas

 **CUESTIONARIOS** Diez preguntas de elección multiple con puntaje automático que se envían por correo electrónico al docente para su evaluación

 **PALABRAS CLAVE** Combinación de los conceptos clave con sus definiciones

VIDEOS

ENLACES WEB

PRESENTACIÓN EN DIAPOSITIVAS

CUESTIONARIOS

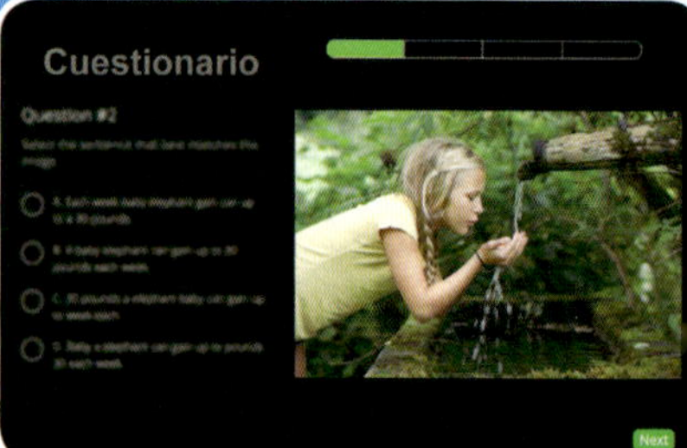

La ciencia de El aire

CONTENIDOS

Aire por todos lados

Respíralo.
Sóplalo.
Agítalo.
Siéntelo en tu cabello.
El aire está por todos lados.
Es un gas.

¿Te gusta soplar las semillas
del diente de león?

El aire que se mueve es el viento.
El viento empuja las nubes
por el cielo.
El viento sacude las hojas.
El viento mueve las nubes.

El viento sopla en las montañas y en los desiertos. Fluye alrededor de la Tierra. El viento también forma las olas.

Aire caliente, aire frío

El calor hace que el aire cambie. Hace que el aire ocupe más espacio. El aire caliente se vuelve más y más liviano. Sube muy alto en el cielo. La gente usa aire caliente para inflar enormes globos. El aire caliente hace que los globos floten.

El aire siempre es un gas, pero cambia cuando se calienta durante el día y se enfría durante la noche.

El aire frío ocupa menos espacio. Se vuelve más pesado y baja. Cuando el aire cálido sube, el aire más frío corre por debajo como una ráfaga. Esa ráfaga es el viento. El viento es aire en movimiento.

El aire cálido sube. El aire frío baja.

Los vientos más fuertes forman tornados. Un tornado es como una nube con forma de cono que cuelga del cielo. Los huracanes también traen vientos muy fuertes. Tanto los tornados como los huracanes pueden destruir ciudades.

La ciudad de Oklahoma, en Oklahoma, ha tenido más tornados que cualquier otra ciudad de los Estados Unidos.

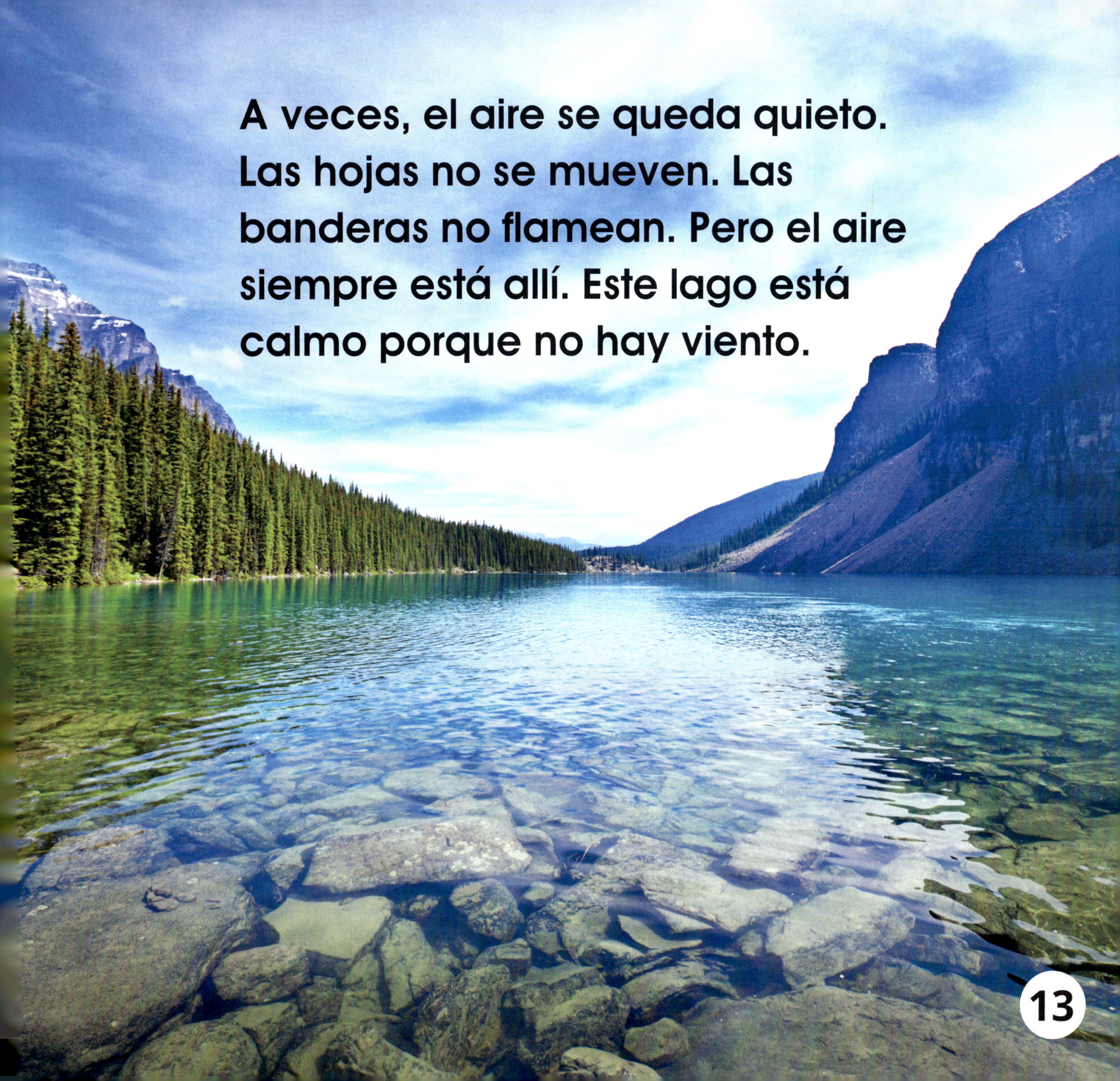

A veces, el aire se queda quieto. Las hojas no se mueven. Las banderas no flamean. Pero el aire siempre está allí. Este lago está calmo porque no hay viento.

Flotando en el aire

En movimiento o quieto, el aire puede hace que las cosas se eleven. Las cometas bailan con las ráfagas de viento. El aire hace que las cometas vuelen muy alto.

Observa un rayo de luz. ¿Puedes ver partículas diminutas flotando en la luz? El aire lleva muchas cosas pequeñas a todas partes. Las semillas, el polvo y el humo flotan en el aire. ¡Achús! El aire hace bailar al polvo en la luz.

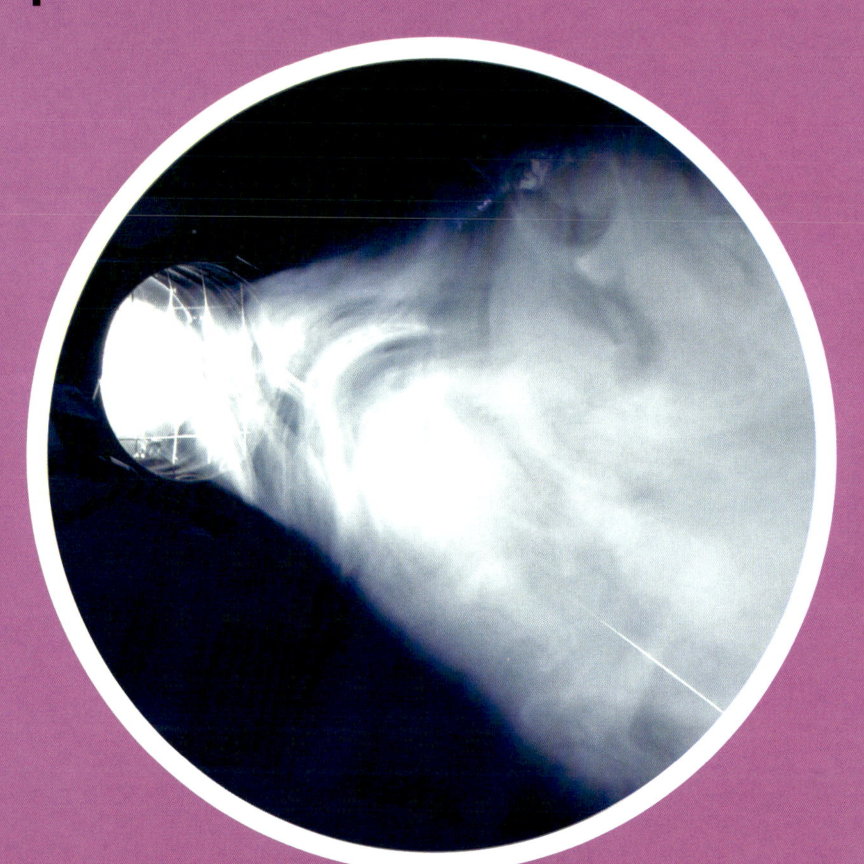

El aire también lleva olores. Las partículas de comida o de contaminación flotan por el aire hasta tu nariz. Los autos generan contaminación y eso huele mal.

¡Mmmm! Puedes oler el aroma de galletas tibias. O ¡Puaj! Aquí viene el camión de la basura. ¡La cocina trae aromas maravillosos!

El aire también lleva sonidos. ¡Pop! Cuando explota un globo, se producen ondas sonoras. Las ondas viajan por el aire hasta tus oídos. Las ondas deben viajar en algo y ese algo es el aire. ¿Alguna vez hiciste globos con la goma de mascar? Cuando se explotan, el aire lleva el sonido hasta tus oídos.

El aire es increíble

El aire envuelve a la Tierra como una manta esponjosa. Y eso es muy bueno. El aire rodea a la Tierra.

¿Cuánto tiempo puedes contener tu respiración? La gente no puede vivir mucho tiempo sin aire. Las plantas, los animales y las personas respiran aire para estar vivos.

Piensa en todas las formas
en que usas el aire:
para respirar
para hacer globos con la goma
de mascar
para inflar globos de cumpleaños
y para escuchar.

Aunque a veces no puedes verlo ni sentirlo, el aire da forma a nuestras vidas.

Datos sobre el aire

Una persona **respira** en **un día** la suficiente cantidad de aire para llenar unas **5.000** jarras de leche de 1 galón (3,8 litros).

En los **Estados Unidos,** se producen más de **1.000 tornados** por año.

El **récord mundial** de contener la respiración es de **24 minutos y 3 segundos**. La mayoría de la gente solo puede contener la respiración por aproximadamente **un minuto**.

Para que una cometa vuele, el **viento** debe moverse, como mínimo, a **4 millas** (6,4 kilómetros) por hora.

Los Ángeles tiene el **aire más sucio** de todas las ciudades estadounidenses.

El **viento más fuerte** registrado en la Tierra fue de **253 millas** (220 km) por hora. Esto ocurrió en la **Isla Barrow de Australia** en el año **1996**.

Published by Smartbook Media Inc.
350 5th Avenue, 59th Floor New York, NY 10118
Website: www.openlightbox.com

Library of Congress Control Number: 2017961981

ISBN 978-1-5105-3432-2 (hardcover)
ISBN 978-1-5105-3433-9 (multi-user eBook)

Printed in the United States of America in Brainerd, Minnesota
1 2 3 4 5 6 7 8 9 0 22 21 20 19 18

022018
011518

Spanish Project coordinator: Sara Cucini
Spanish Editor: Translation Services USA
English Project coordinator: Jared Siemens
Designer: Ana María Vidal

Every reasonable effort has been made to trace ownership and to obtain permission to reprint copyright material. The publisher would be pleased to have any errors or omissions brought to its attention so that they may be corrected in subsequent printings.

The publisher acknowledges iStock and Shutterstock as its primary image suppliers for this title.